JN106376

世界一楽しい漢字カード帳

うんこ
漢字カード

小学 3年生

文響社

もくじ CONTENTS

● カードの特長と使い方

本 書は小学3年生で習う漢字すべてをカードとして収録しています。

● **ミ** シン目にそってカードを切りはなしましょう。あらかじめ穴が開いているので，市はんのカード用リングでとじて使いましょう。

カードリングは文ぼう具屋さんや100円ショップなどで買うとよいぞい。

● **カ** ードをめくってオモテ面とウラ面をそれぞれ確認し，漢字の書き方や読み方を確認しましょう。うんこ例文も確認しましょう。

● **覚** えたい漢字をまとめて持ち運ぶことで，いつでもどこでも学習を進めることができます。

③

カードの構成

オモテ

漢字の知識が
1枚にぎゅっと
つまっているぞ!

❶ 親字

「とめ」「はね」「はらい」などのポイントや書き順など、ていねいな字を書くためのコツが載っています。

❸ 画数

❹ うんこ例文

❷ 音読み・訓読み

音読みはカタカナ、訓読みはひらがなで記しています。赤い字は送りがなです。小学校で習わない読み方は、( )で記してあります。

❺ カテゴリ・番号

習う学年の分類と、通し番号が載っています。

ウラ

ウラには、うんこ例文が載っています。その文字が空らんになっているので、何も見ずに書けるか、挑戦してみましょう。

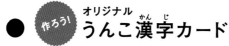

作ろう！ オリジナル
うんこ漢字カード

　このカード帳には、109〜111ページに、親字や音読み・訓読みやうんこ例文などが空白になっているカードがあります。

　これらのカードは、他のカードの内容を書き写せば、予備のカードとして使うことができます。

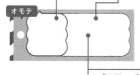

親字を書く　　音読み・訓読みを書く

オモテ　　　　　　　　　　ウラ

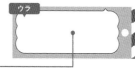

うんこ例文を書く

一部を空白にする
- うんこますの中の書き順や音読み・訓読みを空白にして、答えを考えるようにすれば、その部分をよく覚えられます。

それ以外にも、さまざまな使い方ができるのじゃ！

覚えたい部分をオレンジやピンクのペンで記入し、市はんの赤シートを使って消える文字にする
- 音読み・訓読みやうんこ例文の答えの部分を赤シートで消えるようにすれば、その部分を暗記するのに便利です。

オリジナルのうんこ例文を作成する
- うんこ例文の部分を自分で考えて書くことで、この世に一つだけのオリジナルカードを作ることができます。自分のお気に入りのうんこ例文で覚えれば、より強く記憶に残せるでしょう。

おうちの方へ

本書に掲載されている内容は、学習にユーモアを取り入れ、お子様の学習意欲向上に役立てる目的で作成されたフィクションです。一部の例文において、お子様が実際に真似されますと、他の方に迷惑をおかけするような内容も含まれておりますが、本書はあくまでも学習用であり、お子様の不適切な行為を助長することを意図しているものではありませんので、ご理解いただきますようお願い申し上げます。

うんこ漢字カード 小学3年生

作 者	古屋雄作	発行者	山本周嗣
デザイン	小寺練+渋谷陽子	発行所	株式会社文響社
DTP制作	浅山実結		〒105-0001
イラスト	小寺練		東京都港区虎ノ門2-2-5 共同通信会館9F
企画・編集	近藤功		ホームページ https://bunkyosha.com
			お問い合わせ info@bunkyosha.com
		印 刷	日本ハイコム株式会社
		製 本	古宮製本株式会社／有限会社高田紙器工業所

©Yusaku Furuya/Bunkyosha　ISBN コード: 978-4-86651-505-2　Printed in Japan
この本に関するご意見・ご感想をお寄せいただく場合は、郵送またはメール(info@bunkyosha.com)にてお送りください。

200 KANJI WORDS
AND PHRASES WITH UNKO
FOR ELEMENTARY
SCHOOL STUDENTS

音 アン **訓** やすい

6画

うんこを**安**全な場所に
かくしておこう。

3年生 001

音 ゼン **訓** まったく・すべて

6画

クラス**全**員で同時に
うんこをした。

3年生 002

音 チュウ **訓** そそぐ

8画

うんこが目に入らない
ように**注**意してね。

3年生 003

音 イ **訓** ―

13画

意外な場所でうんこを
見つけておどろいた。

3年生 004

三年生 | THIRD GRADE

6 画

あっちでうんこが

大（　）売りしているよ。

001 3年生

---

6 画

うんこの（　）く新しい

使い道をひらめいた。

002 3年生

---

8 画

（　）文どおりの

うんこがとどいた。

003 3年生

---

13 画

うんこについて

活発に（　）見をかわそう。

004 3年生

12画

音ウン 訓はこぶ

わすれない

運動場にびっしりと
うんこがしきつめられて
いる。

3年生 005

11画

音テン 訓ころがる・ころげる
ころがす・ころぶ

ながく

バケツいっぱいの
うんこをかかえたまま、
転んでしまった。

3年生 006

13画

音ロ 訓じ

はらう

道路のど真ん中で
うんこをしている
おじさんがいます。

3年生 007

9画

音メン 訓(おも)・(おもて)
(つら)

よこかくにほん

画面いっぱいに
うんこがうつっている。

3年生 008

12画

うんこをヘリコプターで
つり上げて◯ぶ。 <small>はこ</small>

005 **3年生**

11画

体育の先生は、空中で
回◯しながらうんこを
して見せた。 <small>たい いく かい てん</small>

006 **3年生**

13画

この旅◯の先には、
きっとすてきなうんこが待っている。 <small>たび じ ま</small>

007 **3年生**

9画

うんこを見せたいので、
市長に◯会させてください。 <small>めん かい</small>

008 **3年生**

音 オウ **訓** ―

つきだす

体育館の中**央**に
置かれた、一つのうんこ。

5画
3年生 009

音 ダイ **訓** ―

安全**第**一で
うんこを運びます。

はねる

11画
3年生 010

音 ジ（シ） **訓** つぐ・つぎ

次のバスに乗って、
うんこをしに行こう。

はらう

6画
3年生 011

音 リョウ **訓** ―

うんこを**両**親に
見せてから学校に行こう。

はねる

6画
3年生 012

5画

うんこの中◯に
アサガオの種をつっこむ。

009 3年生

11画

うんこ物語◯一章
「うんこの勇者たち」。

010 3年生

6画

弟が、うんこ図かんの
目◯をながめている。

011 3年生

6画

◯面テープで、
二つのうんこをはり付ける。

012 3年生

音 ゴウ　訓 ―

5画

出席番**号**順に
うんこをてい出する。

3年生 013

音 ジョウ　訓 のる・のせる

9画

このうんこはかたいので、
上に**乗**っても
大じょうぶだ。

3年生 014

音 エキ　訓 ―

14画

駅から家まで、
うんこをけって帰ろう。

3年生 015

音 コ・(ク)　訓 ―

10画

金**庫**の中身は
社長のうんこです。

3年生 016

5画

うんこを表す記[　]を考えました。

013 3年生

9画

スタントマンが[　]車した車が、
うんこの山につっこんでいく。

014 3年生

14画

[　]前で「うんこ」と書かれた
ちらしを受け取った。

オープン
うんこ

015 3年生

10画

うんこをしまっておく倉[　]を
「うん庫」とよぶ。

016 3年生

音 キュウ 訓 いそぐ

9画

自転車のかごにうんこを
入れて家まで急ぐ。

3年生 017

音 ソク 訓 はやい・はやめる
はやまる・(すみやか)

10画

兄は、うんこをするのが
おどろくほど速い。

3年生 018

音 シン 訓 すすむ
すすめる

11画

うんこが出た人から順に
前へ進んでください。

3年生 019

音 ヘン 訓 かえす
かえる

7画

友達に借りていた
うんこを返す。

3年生 020

9 画

うんこがもれそうだから、
◯行列車に乗ろう。

017 3年生

10 画

ゴリラがすごい◯度で
うんこを投げつけてきた。

018 3年生

11 画

兵隊たちが、うんこを
かかえて行◯している。

019 3年生

7 画

いくらうんこに話しかけても、
◯事はしません。

020 3年生

18

音 ソウ 訓 おくる

9画

友人を家に送ると中で、
二度うんこをもらした。

3年生 021

音 ジュ 訓 うける・うかる

8画

父が投げたうんこを、
グローブで受け取る。

3年生 022

音 シュ 訓 とる

8画

その男は、
うんこを手に取って
立ち向かっていった。

3年生 023

音 シュウ 訓 あつまる・あつめる（つどう）

12画

きれいな花を集めて
うんこにかざり付けよう。

3年生 024

9画

今夜、うんこの
スペシャル番組が
放〔　〕される。

放（ほう）〔　〕（そう）

19 00 特報！うんこスペシャル！
▽ まぼろしのうんこ登場で
スタジオパニック!!
00 園 こんばんは！8時です

021 **3年生**

8画

〔　〕話器の向こうから、
「うんこ！」と
さけぶ声が聞こえた。

〔　〕（じゅ）話（わ）器（き）の向（む）

022 **3年生**

8画

海外のニュース番組が、
ぼくのうんこを
〔　〕材しに来た。

〔　〕（しゅ）材（ざい）

023 **3年生**

12画

次の時間はうんこを持って
理科室に〔　〕合だ。

次（つぎ）の時間はうんこを持（も）って
理科室に〔　〕（しゅう）合（ごう）だ。

024 **3年生**

音 ハイ 訓 くばる

10画

先生がクラス全員に
うんこを配る。

3年生 025

音 (カ) 訓 (に)

10画

かばんの荷物を整理
していたら、三年前の
うんこが出てきた。

3年生 026

音 ブツ モツ 訓 もの

8画

アマゾンで、うんこに
そっくりな動物が
発見された。

3年生 027

音 ショウ 訓 (あきなう)

11画

うんこ商店が本日
オープンした。

3年生 028

10画

天気が心 [ ] なので、
庭(にわ)のうんこを室内に入れておこう。

025 **3年生**

10画

[ ] (に)づくりをする前に
うんこをすませておきましょう。

026 **3年生**

8画

うんこ [ ] 語(ものがたり)　第二章(だいにしょう)

「ダークドラゴンのうんこ」。

027 **3年生**

11画

買(か)ってきた [ ] 品(しょうひん)に
うんこがべっとり付(つ)いている。

028 **3年生**

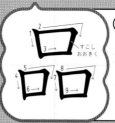

（音）ヒン （訓）しな

9画

この薬品をかけると、
うんこが緑色に変わる。

3年生 029

（音）ヨウ （訓）——

9画

兄は洋楽を聞きながら
うんこをする。

3年生 030

（音）フク （訓）——

8画

うんこをもらしたことが
衣服の上からでも
わかるよ。

3年生 031

（音）チャク
（ジャク）
（訓）きる・きせる
つく・つける

12画

かれは、いつも
うんこのマークがついた
服を着ています。

3年生 032

9画

手◻のために、うんこを口の中に
かくさないといけない。

029 **3年生**

9画

ぼくはうんこをするたびに
◻服を着がえる。

030 **3年生**

8画

はでな◻そうの男が、
うんこをまき散らしている。

031 **3年生**

12画

◻地した場所に
ちょうどうんこがあった。

032 **3年生**

音 キュウ **訓** たま　11画

球

野球選手が、まちがえて
うんこにスライディング
してしまった。

3年生 033

音 ジ **訓** もつ　9画

持

弟が、うんこを持って
おどっている。

3年生 034

音 トウ **訓** なげる　7画

投

そのうんこをこちらに
投げてください。

3年生 035

音 ダ **訓** うつ　5画

打

うんこにくぎを打って、
かべに固定しています。

3年生 036

11画

うんこで◯を作って、
ドッジボールをしよう。

033 3年生

9画

うんこをかたにのせたまま、
バランスを◯続させる。

034 3年生

7画

◯手がうんこをもらしたため、
試合は中止になった。

035 3年生

5画

◯球が飛んでいき、
うんこの上に落ちた。

036 3年生

音（シュウ）（ジュウ） 訓 ひろう

9画

せっかく拾い集めた
くりが、うんこと
まざってしまった。

3年生 037

音 シュ ス 訓 まもる（もり）

6画

うんこはぼくの
守り神だ。

3年生 038

音 ツイ 訓 おう

9画

全身うんこまみれの男に
追われています。

3年生 039

音 コウ 訓 むく・むける むかう・むこう

6画

向こう岸までうんこを
とどけに行く。

3年生 040

9画

竹とんぼを◯った（ひろ）ので、
うんこにつきさして遊（あそ）ぼう。

037 3年生

6画

留（る）◯（す）の間にうんこを
すてられないか心配（しんぱい）です。

038 3年生

9画

うんこをひとりじめしていた
王様（おうさま）が◯追（つい）放（ほう）された。

039 3年生

6画

うんこをならべる方（ほう）◯（こう）を合わせよう。

040 3年生

音 ラク 訓 おちる・おとす

おじいちゃんが、
ベランダからうんこを
（落）としてきます。

3年生 041

7画

音 ジョ 訓 たすける・たすかる（すけ）

（助）けた亀が
うんこをくれる昔話。

3年生 042

5画

音 シ（ジ） 訓 つかえる

日本のうんこを海外に
しょうかいする（仕）事。

3年生 043

8画

音 ジ（ズ） 訓 こと

新聞にうんこの
記（事）がのっている。

3年生 044

12画

がけから転<ruby>落<rt>らく</rt></ruby>[　]してきたうんこが
道をふさいだ。

041　3年生

7画

[　]<ruby>走<rt>そう</rt></ruby>をつけてうんこに飛び<ruby>乗<rt>の</rt></ruby>った。

042　3年生

5画

王に<ruby>仕<rt>つか</rt></ruby>[　]える<ruby>戦士<rt>せんし</rt></ruby>たちのうんこを見よ。

043　3年生

8画

うんことうんこを組み合わせて
家を<ruby>建<rt>た</rt></ruby>てる仕[　]。

044　3年生

8画

音 シ 訓 つかう

つきだす

スプーンを使って
うんこをい動させる。

3年生 045

13画

音 ノウ 訓 ―

ここはうんこを
さいばいする農園だ。

3年生 046

13画

音 ギョウ（ゴウ）訓（わざ）

かたちにちゅうい

今日のじゅ業では、
うんこの正しいたたみ方
を学びます。

3年生 047

10画

音 テイ 訓 にわ

うんこで作った
「うんこだるま」を庭に
置いておこう。

3年生 048

8画

天[　]のうんこは白い。

045 3年生

13画

業でかせいだお金を
うんこコレクションに使う父。

046 3年生

13画

うんこをふくろづめにする作[　]。

047 3年生

10画

げん関でうんこをしても
ゆるされるのは、ぼくの家[　]だけだ。

048 3年生

音 ─ 訓 はた
はたけ

9画

うんこをがまんしながら
（畑）はた仕事をがんばる。

3年生 049

音 ショク 訓 うえる
うわる

12画

（植）しょく物にとって、
うんこは必要なものだ。

3年生 050

音 コン 訓 ね

10画

庭に置いてあったうんこ
に（根）ねっこが生えている。

3年生 051

音 ヨウ 訓 は

12画

父がうんこに（葉）はっぱを
二まいつきさして、
「羽。」と言った。

3年生 052

33

9画

$\boxed{}$（はた）作に使用する道具に
うんこを付けないでください。

049 3年生

12画

うんこを使って、
田$\boxed{}$（う）えの練習をしましょう。

050 3年生

10画

きみが球$\boxed{}$（こん）だと思って
うめているものは、ぼくのうんこだ。

051 3年生

12画

うんこが落$\boxed{}$（よう）のように
ひらひらと落ちてくる。

052 3年生

音 リョク（ロク）　**訓** みどり

14画

うんこが黄緑色に光っている。

「水」としない

3年生 053

音 ビョウ　**訓** —

9画

今から五秒以内にうんこをしてください。

はねる

3年生 054

音 ジツ　**訓** み／みのる

8画

うんこみたいな木の実を拾ったのであげるよ。

つきだす

3年生 055

音 トウ／ズ　**訓** まめ

7画

うさぎが豆つぶのようなうんこをしています。

ながく

3年生 056

14 画

うんこを終えたおじいちゃんに、
◯茶をいれてあげよう。

053 3年生

9 画

◯速百メートルの

すごいスピードで飛ぶうんこ。

054 3年生

8 画

うんこにせんざいを
かけるとどうなるかを、
◯験しているだけです。

055 3年生

7 画

きみがはしでつまんでいるのは
大◯ではなく、ぼくのうんこだ。

056 3年生

36

音 ギン **訓** ―

14画

金と〝銀〟とうんこでできた
立ぱな宮でん。

音 テツ **訓** ―

13画

〝鉄〟のように
かたいうんこだ。

音 タン **訓** すみ

9画

うんこを〝炭〟火でじっくり
焼いたものをどうぞ。

音 オン **訓** あたたか・あたたかい
あたたまる・あたためる

12画

〝温〟かいお湯で
うんこをとかしてみよう。

14画

ぎん
銀紙でうんこを包んで
たき火に入れた。

057 3年生

13画

てつ
鉄ぼうとまちがえて
ずっとうんこをにぎっていた。

058 3年生

9画

それは、黒いうんこではなく
せき たん
石炭というものです。

059 3年生

12画

どうやら、気温が低いと
うんこの量もへるらしい。

060 3年生

音 ド (ト)・(タク) **訓** (たび)

9画

今度からは
トイレでうんこをします。

3年生 061

音 ヨウ **訓** ―

12画

虫めがねで
太陽の光を集めて、
うんこに火をつけた。

3年生 062

音 ショ **訓** あつい

12画

暑い夏は、うんこを
するだけであせだくだ。

3年生 063

音 カン **訓** さむい

12画

寒いからといって、
ふとんの中でうんこを
してはいけない。

3年生 064

9画

「うんこ物語」は、
何◯読んでもおもしろい。

061 3年生

12画

先生が◯気に
うんこの歌を歌っている。

062 3年生

12画

◯中見まいに
うんこのイラストをかいた。

063 3年生

12画

◯風にふかれながら
つるがうんこをしている。

064 3年生

5画

(音)ヒョウ (訓)こおり (ひ)

今きみがぼくの部屋で
見つけたうんこは、※氷山の
一角だ。

いっかく
※氷山の一角…全体のほんの
一部分であることのたとえ。

はねる

3年生 065

12画

(音)トウ (訓)ゆ

うんこをお湯につけて
一ばんねかせてみよう。

ひと

はねる

3年生 066

8画

(音)ユ (訓)あぶら

つきだす

絵の具にうんこをまぜて
油絵をかいてみよう。

え

え

3年生 067

8画

(音)ミ (訓)あじ あじわう

ぼくは意味なく
うんこをすてたりしない。

い

したを
ながく

はらう

3年生 068

5画

うんこを◯水で
冷やしておけば、長持ちする。

065 **3年生**

12画

うんこ風呂と熱◯風呂の、
どちらにします?

066 **3年生**

8画

石◯王とうんこ王は
どちらがお金持ちなのだろう。

067 **3年生**

8画

うんこをかたづけてから、
好物のメロンを◯わう。

068 **3年生**

音—**訓**さら

5画

あれは**皿**(まわ)しではなく
うんこ回しです。

音イン **訓**のむ

12画

この薬を**飲**(くすり)むと、
うんこがエメラルド色に
なるそうだ。

音シュ **訓**さけ さか

10画

父は、友人たちと
うんこを見ながら**酒**を
(の)飲んでいる。

音(セキ)(シャク) **訓**むかし

8画

大**昔**(おお)、うんこでできた
大陸(たい りく)があった。

5 画

うんこを小◯に取って配る。

069 3年生

12 画

うんこは◯食物ではない。

070 3年生

10 画

おじいちゃんが、にこにこ笑いながら
うんこに日本◯をかけている。

071 3年生

8 画

父は、◯からよく
うんこをもらしていたそうだ。

072 3年生

44

3年生 / THIRD GRADE

音 ダイ・タイ **訓** かわる・かえる よ・（しろ）

5画

ごちそうしてくれて
ありがとう。（代）わりに
うんこをどうぞ。

3年生 073

音 ショウ **訓** ―

9画

（昭）和五十二年生まれの
父は、今でもうんこを
もらす。

3年生 074

音 ワ（オ） **訓** （やわらぐ）・（やわらげる）（なごむ）・（なごやか）

8画

「うんこの話ができるうち
は平（和）だ。」と、父が
真けんな顔で言った。

3年生 075

音 シュク **訓** やど・やどる やどす

11画

（宿）題で、うんこを
スケッチするように
言われたんだよ。

3年生 076

5画

時<ruby>代<rt>だい</rt></ruby>げきの中で
さむらいがうんこをしていた。

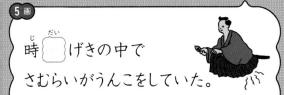

073 3年生

9画

このうんこは、<ruby>笑<rt>しょう</rt></ruby><ruby>和<rt>わ</rt></ruby><ruby>史<rt>し</rt></ruby>に<ruby>残<rt>のこ</rt></ruby>る
うんこだそうだ。

074 3年生

8画

<ruby>和<rt>わ</rt></ruby><ruby>服<rt>ふく</rt></ruby>でうんこをするのはむずかしい。

075 3年生

11画

ぼくの体内にうんこが<ruby>宿<rt>やど</rt></ruby>っている。

076 3年生

音 オク　**訓** や　9画

「うんこパン」を発売した
パン（屋）さんがつぶれた。

3年生 077

音 リョ　**訓** たび　10画

これは、（旅）のと中でも
らった大切なうんこです。

3年生 078

音 カン　**訓** やかた　16画

サメのうんこだけの
水族（館）が開館した。

3年生 079

音 ジュウ　**訓** すむ すまう　7画

うんこでできた
家に（住）む。

3年生 080

9画

<おく><じょう>
□上からロープでうんこを下ろす。

077 3年生

10画

ハワイ<りょ>□<こう>行にうんこを持っていく。

078 3年生

16画

うんこの<やかた>□にようこそ。

079 3年生

7画

この家の<じゅう>□<にん>人は、
うんこの音が大きい。

ブリッ
ブリブリブリ
ブリリリ

080 3年生

音 チュウ 訓 はしら

9画

犬が電柱の下に
うんこをしている。

3年生 081

音 カイ 訓 —

12画

階だんの上から
うんこが転がり
落ちてきた。

3年生 082

音 シュ (ス) 訓 ぬし おも

5画

ドラマの主人公が、
泣きながら「うんこ!」と
さけんだ。

3年生 083

音 クン 訓 きみ

7画

山本君から、
おもしろいうんこの
やり方を教えてもらった。

3年生 084

9画

（はしら ど けい つ）
□時計にうんこを付けたら、
はりが止まってしまった。

081 3年生

12画

うんこをならべて
音□を作ってみよう。

082 3年生

5画

（いぬ ぬし）
犬が、かい□のひざの上で
うんこをしている。

083 3年生

7画

うんこのスピードだけは
（きみ ま）
□に負けたくない。

084 3年生

音 キャク（カク） **訓** ─

9画

来客用のスリッパに
犬がうんこを
してしまった。

3年生 085

音 ゾク **訓** ─

11画

家族一同でうんこを
用意してお待ちして
います。

3年生 086

音 シャ **訓** もの

8画

学者たちが、ぼくの
うんこを調べている。

3年生 087

音 ドウ **訓** （わらべ）

12画

グリム童話の絵本に
うんこがはさまっている。

3年生 088

9画

ホテルの◯室にうんこが置いてある。

085 3年生

11画

水◯館で、うんこの
形をしたクラゲを見た。

086 3年生

8画

わか◯たちが、公園でうんこを
持って語り合っている。

087 3年生

12画

児◯公園に行って、
うんこごっこで遊ぼう。

088 3年生

音 シン
ジン
訓 かみ・（かん）
（こう）

9画

うんこがもれません
ようにと**神**様に
いのった。

3年生 089

音 ヨウ
訓 さま

14画

うんこをしている兄の
様子を見に行こう。

3年生 090

音 サイ
訓 まつる
まつり

11画

今日は、年に一度の
うんこ**祭**りの日だ。

3年生 091

音 レイ
（ライ）
訓 ―

5画

朝早く学校に行くと、
校長先生が朝**礼**台の
上でうんこをしていた。

3年生 092

9画

せい◯を集中して、
飛んでくるうんこをかわす。

089 3年生

14画

王◯のうんこは
だれよりも大きかったそうだ。

090 3年生

11画

◯日は、家族で川に
うんこを流して遊びました。

091 3年生

5画

先生にうんこをプレゼントしたら、
お◯じょうがとどいた。

うんこ
ありがとう。
大事に
します。

092 3年生

式 6画
音 シキ　訓 ―
うんこの正式（せい）な
よび名を調（しら）べてみよう。
3年生 093

宮 10画
音 キュウ（グウ）・（ク）　訓 みや
うんこの写真ではなく、
お宮（まい）参りの写真を
見せてください。
すこしおおきく
3年生 094

役 7画
音 ヤク（エキ）　訓 ―
毎日、うんこを
ごみすて場に出すのが
ぼくの役（め）目だ。
はねる
3年生 095

所 8画
音 ショ　訓 ところ
きみの長所（ちょう）は、
うんこが早いところだ。
はらう
3年生 096

55

6 画

入学◯の時にしたうんこは、

大切にとってある。

093　3年生

---

10 画

国中のうんこが

王◯に運ばれていく。

094　3年生

---

7 画

市◯所には、歴代市長の

うんこがかざられている。

095　3年生

---

8 画

台◯にうんこを置かないでと、

母は真けんにおこっていた。

096　3年生

15画

音 オウ　訓 よこ

ながく

いつもうんこを横に
置いてねむっています。

3年生 097

11画

つきだす

音 テキ　訓 ふえ

姉のたて笛にうんこを
付けてしまった。

3年生 098

6画

つきだす

音 キョク　訓 まがる・まげる

うんこを使った曲芸が
失敗し、会場は
うんこまみれになった。

3年生 099

5画

音 シャ　訓 うつす・うつる

学校の写生大会で、
うんこの絵を
てい出した。

はねる

3年生 100

15画

097 3年生

うんこを大量（たいりょう）に
積（つ）んだトラックが◯転（てん）した。

11画

098 3年生

遠（とお）くから、うんこ列車（れっしゃ）の
汽（き）◯（てき）の音（おと）が聞（き）こえてきた。

6画

099 3年生

父（ちち）が体（からだ）をねじ◯（ま）げて
うんこをしている。

5画

100 3年生

最高級（さいこうきゅう）のカメラで
うんこを◯（うつ）す。

音 シン **訓** ま

「ナ」としない
ながく

けい察（さつ）が、うんこ事けん
の**真**（そう）相にたどり着（つ）いた。

音 ケン **訓** （とぐ）

ながく

おかの上に見えるのが、
父がつとめている
うんこ**研**（きゅうじょ）究所だ。

音 キュウ **訓** （きわめる）

うえにはねる

ぼくのうんこは、
世界中（せかいじゅう）の研（けん）**究**（しゃ）者たちを
おどろかせた。

音 ハツ（ホツ） **訓** ―

うえにはねる

うんこが二百こ入る
バッグが**発**（ばい）売された。

10画

ぼくたちが◯心をこめて

作ったうんこをどうぞ。

101 3年生

9画

◯究室で化け物の

ようなうんこが生み出されてしまった。

102 3年生

7画

ここは、うんこを科学的に

◯明するしせつだ。

103 3年生

9画

たんけん家が、うんこピラミッドを

◯見した。

104 3年生

音 ヒョウ **訓** おもて・あらわす あらわれる　8画

（表）し
表紙にうんこの絵が
かかれたなぞの本。

3年生 105

音 モン **訓** とう・とい とん　11画

うんこを研究する
学問が「うんこ学」だ。
けんきゅう／がく

3年生 106

音 ダイ **訓** ──　18画

うんこの断面図をかく
っていう宿題なんだよ。
だんめんず／しゅく

3年生 107

音 レン **訓** ねる　14画

（練）しゅう
練習さえすれば、
きみもうんこでお手玉が
できるようになる。

3年生 108

8画

うんこの◯側に名札シールをはるよう言われた。

105 3年生

11画

せい治家が、うんこについての国民のはんだんを◯う。

106 3年生

18画

ここが今話◯のうんこショップだ。

107 3年生

14画

うんこを指で◯る。

ネチネチ

108 3年生

62

（音）シュウ（訓）ならう

11画

かれの学習帳は、
うんこの絵でいっぱい
だった。

3年生 109

（音）イ（訓）ゆだねる

8画

委員長が、校庭に
散らばったうんこを
かたづけている。

3年生 110

（音）イン（訓）—

10画

一度、全員のうんこを
ならべてくらべて
みましょう。

3年生 111

（音）ケツ（訓）きめる
きまる

7画

どちらのうんこが
ほしいか早く
決めてください。

3年生 112

11 画

「うんこじゅく」で、正しい
うんこのやり方を◻いました。
（なら）

109 3年生

8 画

このうんこをどうするかは
きみに◻ねる。
（ゆだ）

110 3年生

10 画

駅◻さんが、うんこを持って
（えき）（いん）　　　　　　　（も）
急いで走っていった。
（いそ）

111 3年生

7 画

もう二度と
（に）（ど）
うんこはもらさないと◻意した。
（けつ）（い）

112 3年生

音 テイ・ジョウ 訓 さだめる・さだまる（さだか）

8画

予定の時間をすぎても
うんこがとどかない。

3年生 113

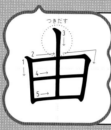

音 ユ・ユウ（ユイ） 訓 よし

5画

自由帳でうんこを
すくってまどの外に
投げた。

3年生 114

音 （シン） 訓 もうす

5画

わたしは、
うんこ田うんこ左衛門と
申す者だ。

3年生 115

音 イク 訓 そだつ・そだてる
はぐくむ

8画

うんこに栄養を
あたえ続ければ大きく
育つはずだ。

3年生 116

8 画

水鉄ぽうで先生のうんこに
ねらいを◯める。

113 3年生

5 画

「うんこ」という言葉の
◯来を先生にきいてみよう。

114 3年生

5 画

うんこ見学ツアーに◯しこむ。

115 3年生

8 画

体◯の先生が、うんこを
ごしごしみがいている。

116 3年生

（音）キュウ （訓）—

9画

高級なふとんにうんこを
こすりつけてしまった。

3年生 117

（音）ケイ （訓）かかる
かかり

9画

すぐに係員が
かけつけてうんこを
かたづけた。

3年生 118

（音）ベン （訓）—

10画

兄は必死に勉強して
東京うんこ大学に
合かくした。

3年生 119

（音）カン （訓）—

13画

うんこドリルで漢字を
勉強しよう。

3年生 120

9画

同◯生の中ではぼくのうんこが
いちばん大きいはずだ。

(117) 3年生

9画

見事な連◯プレーで
うんこがゴールに
たたきこまれた。

(118) 3年生

10画

ぼくの◯強部屋には
うんこのポスターが
はってある。

(119) 3年生

13画

オランウータンのうんこで
◯方薬を作る。

(120) 3年生

音 シ　訓 —

13画

うんこというテーマで（詩）を書いてみよう。

3年生 121

音 ブ　訓 —

11画

今きみが拾（ひろ）ったものは、ぼくのうんこの一（いち）部です。

3年生 122

音 ショウ　訓 —

11画

うんこのみ力を文（ぶん）章（りょく）にするのはむずかしい。

3年生 123

音 ヒツ　訓 ふで

12画

先生が毛（もう）筆でうんこをつついています。

3年生 124

13 画

年老いた◯人が、
うんこを見てなみだを流している。

121 3年生

11 画

ここにあるのは、
全◯有名人のうんこだ。

122 3年生

11 画

わん◯をつけた男たちが
うんこをチェックしている。

123 3年生

12 画

うんこを◯箱ではさんで
ゆっくりと持ち上げた。

124 3年生

音 — **訓** はこ

15画

箱を開けると、
うんこが飛び出してきた。

3年生 125

音 グ **訓** —

8画

家具のうら側に
落ちたうんこを、
長いはしで取る。

3年生 126

音 チョウ **訓** —

11画

ぼくは、毎日のうんこを
手帳に記録している。

3年生 127

音 ハン バン **訓** いた

8画

先生が、黒板
いっぱいに「うんこ」と
いう字を書いた。

3年生 128

15画

この空き□を
うんこ入れとして使おう。

125　3年生

8画

うんこを持つための道□が必要だ。

126　3年生

11画

うんこのなぞについて
書かれた日記□を拾った。

127　3年生

8画

まな□の上にうんこを
置かないでください。

128　3年生

病

音 ビョウ（ヘイ）訓 やむ・やまい

10画

かれは、「うんこ病」の
特効薬（とっこうやく）を開発した
医者（いしゃ）だ。

3年生 129

院

音 イン 訓 ―

10画

耳のあなにつめた
うんこが取（と）れなくなり、
入院（にゅう）した。

3年生 130

薬

音 ヤク 訓 くすり

16画

うんこを両手（りょうて）の
薬指（ゆび）だけで
持（も）ち上（あ）げる。

3年生 131

局

音 キョク 訓 ―

7画

ふうとうにうんこを
入れて、ゆう便局（びん）へ
持（も）っていこう。

3年生 132

10画

うんこが一日中止まらない、

きみょうな◯<ruby>病<rt>やまい</rt></ruby>。

129 3年生

10画

◯<ruby>院<rt>いん</rt></ruby><ruby>長<rt>ちょう</rt></ruby><ruby>先<rt>せん</rt></ruby><ruby>生<rt>せい</rt></ruby>が

うんこに注しゃしている。

130 3年生

16画

火◯<ruby>火<rt>か</rt></ruby><ruby>薬<rt>やく</rt></ruby>とまちがえて

うんこを<ruby>持<rt>も</rt></ruby>ってきてしまった。

131 3年生

7画

うんこせん<ruby>門<rt>もん</rt></ruby>の<ruby>放<rt>ほう</rt></ruby><ruby>送<rt>そう</rt></ruby>◯<ruby>局<rt>きょく</rt></ruby>。

132 3年生

7画

（音）イ （訓）——

うんこをかんでいたら、
校<ruby>医<rt>こう</rt></ruby>の先生に
おこられた。

3年生 133

8画

（音）メイ （ミョウ） （訓）いのち

ぼうけん<ruby>家<rt>か</rt></ruby>が、**命**づなを
つけてうんこのぬまに
もぐっていく。

3年生 134

7画

（音）シン （訓）み

うんこはなるべく
身<ruby>近<rt>ちか</rt></ruby>な<ruby>場所<rt>ばしょ</rt></ruby>に
<ruby>置<rt>お</rt></ruby>いておきたい。

3年生 135

5画

（音）ヒ （訓）かわ

うんこにみかんの**皮**を
かぶせてこたつに
<ruby>置<rt>お</rt></ruby>いておいた。

3年生 136

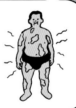

7画

かれは名◯だが、
うんこの話ばかりしている。

133　3年生

8画

これは、ぼくの
運◯を決めたうんこです。

134　3年生

7画

全◯にうんこをぬって、
すもう大会に出場した。

135　3年生

5画

日焼け止めとまちがえて、
◯ふにうんこをぬって、ねてしまった。

136　3年生

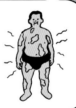

音 ケツ **訓** ち

6画

とがったうんこがうでに
ささって**血**が出た。

3年生 137

音 シ **訓** ゆび・さす

9画

かれは、親**指**を
全部うんこにつきさして
みせた。

3年生 138

音 ソク **訓** いき

10画

うんこにふうふうと
（**息**）をふきかけます。

3年生 139

音 （ビ） **訓** はな

14画

てきのこうげきで、
主人公の（**鼻**）にうんこが
近づいていく。

3年生 140

6画

ぼくは、うんこを見るだけで

□けつえき型がわかる。

137　3年生

9画

□し定どおりの方法で

うんこを受けわたす。

138　3年生

10画

それはアフリカに生□せいそくする

とかげのうんこです。

139　3年生

14画

□はな歌を歌いながらうんこをする。

140　3年生

わすれない

音 シ　訓 は

歯にうんこが
つまったので
（**歯**科に行った。

12画

3年生 141

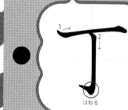

はねる

音 チョウ
（テイ）　訓 ―

五（**丁**目から家まで
うんこをけって歩いた。

2画

3年生 142

とめる

音 ク　訓 ―

この先はうんこだらけの
地（**区**なので
気をつけよう。

4画

3年生 143

とめる

音 ケン　訓 ―

（**県**庁にハ十メートルも
あるうんこのオブジェが
作られた。

9画

3年生 144

12画

どうして $\boxed{\text{歯}}$ ブラシにうんこを
付けているんだ。

141 3年生

2画

お母さんに、うんこを
包 $\boxed{\text{丁}}$ でみじん切りにしてもらおう。

142 3年生

4画

きみのうんこは、どれもにていて
$\boxed{\text{区}}$ 別がつかない。

143 3年生

9画

$\boxed{\text{県}}$ 立図書館で、
うんこについて調べよう。

144 3年生

都 11画
音 トッ 訓 みやこ

つきだす
はねる

都会のかたすみで
ひっそりとうんこをする。

3年生 145

州 6画
音 シュウ 訓 (す)

おなじあきに

テキサス州で、
地球最大のうんこが
見つかった。

3年生 146

列 6画
音 レツ 訓 ──

ひとつ
はねる

無料でうんこがもらえる
サービスに行列が
できている。

3年生 147

島 10画
音 トウ 訓 しま

わすれない
はねる

ぼうけん家が、
うんこでできた島に
上陸しようとしている。

3年生 148

11画

日本各地から、
〔 〕にうんこが送られてきた。

145 3年生

6画

うんこをサイドカーにのせて
本〔 〕を横だんする。

146 3年生

6画

日本〔 〕島のような形の
うんこが出た。

147 3年生

10画

無人〔 〕に流れ着いたうんこ。

148 3年生

音 コウ 訓 みなと

12画

きょ大なうんこを
積んだ船が出港する。

「口」としない

3年生 149

音 コ 訓 みずうみ

12画

ボートにうんこをのせて、
湖にうかべる。

はねる

3年生 150

音 ガン 訓 きし

8画

海岸に、
大量のうんこが
打ち上げられている。

ながく

3年生 151

音 エイ 訓 およぐ

8画

プールで泳ぐ前に
ちゃんとうんこを
すればよかった。

はねる

3年生 152

12画

◯の夜景を見ながら、
二人でうんこをしよう。

149 3年生

12画

◯水をうめつくすほどの
大量のうんこ。

150 3年生

8画

川◯で星形のうんこを拾ったよ。

151 3年生

8画

水◯選手たちが、
楽しそうにうんこの話をしている。

152 3年生

音 ハ 訓 なみ ⑧画

うんこが波の中へと
消えていった。

3年生 153

音 リュウ（ル）訓 ながれる ながす ⑩画

うんこを流すか
流さないか、いつも
まよっている。

3年生 154

音 キョウ 訓 はし ⑯画

うんこで橋を作れば
向こう側まで
わたれそうだ。

3年生 155

音（ハン）訓 さか ⑦画

坂道でうんこを
運ぶ女せいを
手伝ってあげた。

3年生 156

8画

うんこに電　を当てて
変化を調べよう。

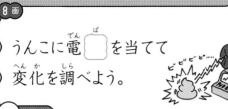

153　3年生

10画

海にうかぶ　氷にうんこが
のっていました。

154　3年生

16画

うんこ列車が
ガタゴトと鉄　を走っていく。

155　3年生

7画

いくつものうんこが
下り　を転がっていく。

156　3年生

音 トウ（ト）訓 のぼる

12画

ぼうけん家が、
うんこでできた山に
（登）ろうとしている。

3年生 157

音 ユウ（ユ）訓 あそぶ

12画

うんこを使った
さまざまな（遊）びを
しょうかいします。

3年生 158

音 ヨ 訓 —

4画

（予）約していたうんこを
取りに来ました。

3年生 159

音 ソウ（ソ）訓 —

13画

（予想）もしなかった
ところからうんこが
飛んでくる。

3年生 160

3年生 | THIRD GRADE

87

12画

[と]山に行った時、うんこみたいな

虫を見ました。

157 3年生

12画

やたらとうんこが

[お]落ちている [ゆう]園[えん]地[ち]だ。

158 3年生

4画

天[てん]気[き][よ]ほうで、見たこともない

うんこマークが出た。

159 3年生

13画

きみのうんこについての

感[かん][そう]を言おうか。

160 3年生

音 キ（ゴ） 訓 ―

12画

一学**期**は十八回
うんこをもらした。

音 タイ 訓 まつ

9画

そんなに**待**たれると、
ぎゃくにうんこが
出てこないよ。

音 コウ 訓 さいわい・（さち）
しあわせ

8画

このうんこ像は、
さわると**幸**せになると
信じられています。

音 フク 訓 ―

13画

福引きで、一等の
うんこ型テレビが
当たった。

12 画

□ (き) (たい)待どおりの見事な
うんこが用(よう)意(い)されていた。

161 3年生

9 画

人気アイドル歌手の
□ (たい)(ぼう)望の新(しん)曲(きょく)「うんこ」が
発(はっ)表(ぴょう)された。

162 3年生

8 画

かれのうんこを
おがめるなんて □ (こう)運(うん)な男だ。

163 3年生

13 画

うんこを持(も)った □ (ふく)の神(かみ)。

164 3年生

音 カン 訓 ―

クジラのうんこを
見たぼくは、なみだを
流して感動した。

3年生 165

13画

音 ドウ 訓 うごく
うごかす

今、たしかに
うんこが動いた。

3年生 166

11画

音 カイ 訓 ひらく・ひらける
あく・あける

目を開けると、
うんこが部屋中を
動き回っていた。

3年生 167

12画

音 ホウ 訓 はなす・はなつ
はなれる・ほうる

今日、いっしょに
放送室でうんこを
してみない？

3年生 168

8画

13画

よくそんなにうんこを

がまんできるなと<ruby>感<rt>かん</rt></ruby><ruby>心<rt>しん</rt></ruby>する。

165　3年生

11画

ぼくは、さまざまな<ruby>動<rt>どう</rt></ruby><ruby>物<rt>ぶつ</rt></ruby>のうんこを

コレクションしている。

166　3年生

12画

うんこショップには、<ruby>開<rt>かい</rt></ruby><ruby>店<rt>てん</rt></ruby><ruby>前<rt>まえ</rt></ruby>から

長い<ruby>行列<rt>ぎょうれつ</rt></ruby>ができている。

167　3年生

8画

<ruby>大<rt>たい</rt></ruby>ほうからうんこが<ruby>次々<rt>つぎつぎ</rt></ruby>に

<ruby>放<rt>はな</rt></ruby>たれた。

ドカーン

168　3年生

音 ビ **訓** うつくしい

9画

フィギュアスケートの
選手（せんしゅ）が、美（うつく）しい動（うご）きで
うんこをしている。

3年生 169

音 ヒ **訓** かなしい
かなしむ

12画

次（つぎ）は、悲（かな）しい顔（かお）で
うんこをするという
むずかしいシーンだ。

3年生 170

音 ク **訓** くるしい・くるしむ
くるしめる・にがい・にがる

8画

父（ちち）は毎朝（まいあさ）、苦（にが）い
コーヒーを飲（の）みながら
うんこをする。

3年生 171

音 アン **訓** くらい

13画

だれかが暗（くら）い
ところからうんこを
投（な）げてくる。

3年生 172

93

9画

このうんこは、◯じゅつ館に
かざっておきましょう。

169 3年生

12画

世界中の
うんこが消えるという◯げき。

170 3年生

8画

◯心して仕上げたうんこぼうしを
母にプレゼントした。

171 3年生

13画

「うんこ」という言葉には◯号が
かくされている。

172 3年生

音 シン **訓** ふかい・ふかまる
ふかめる

11画

深い海の底で
きみょうなうんこが
見つかった。

3年生 173

音 シ **訓** しぬ

6画

これ以上うんこを
がまんしたら死ぬ
かもしれない。

3年生 174

音 キョ
コ **訓** さる

5画

それは去年のうんこ。
今年のうんこは
こちらです。

3年生 175

音 セイ
セ **訓** よ

5画

かれは世界中から
めずらしいうんこを
集めている。

3年生 176

11画

□夜にかみなりが落ちたと思って
目覚めたが、父のうんこの音だった。

173 3年生

6画

うんこ島に行った
ぼうけん家の、
生□を分けたできごと。

174 3年生

5画

おじさんが、□りぎわに
箱入りのうんこをくれた。

175 3年生

5画

えがおでうんこの話ができる
□の中にしたい。

176 3年生

（音）カイ （訓）―

9画

仕事中（しごとちゅう）の父に限界（げんかい）まで
近づいてうんこをする。

3年生 177

（音）ユウ（ウ） （訓）ある

6画

ぼくは、千こ以上（せんこいじょう）の
うんこを所有（しょゆう）している。

3年生 178

（音）シュウ （訓）おわる
　　　　　　おえる

11画

その話は、うんこが
終わってからじゃ
だめですか？

3年生 179

（音）シ （訓）はじめる
　　　　　はじまる

8画

もうすぐうんこの
大サーカスが始まる。

3年生 180

9画

世◯地図を見て、うんこに

にた形の国をさがそう。

177 3年生

6画

◯り金を全部使って

うんこを買いしめた。

178 3年生

11画

最◯回で世界最強の

うんこが登場した。

179 3年生

8画

「開◯!」の合図とともに

全員がうんこを投げつけあった。

180 3年生

つきだす

音 ショウ 訓 かつ（まさる）

12画

うんこをする
スピードくらべなら、
ぜっ対に（勝）つ。

たい

3年生 181

音 フ 訓 まける・まかす　おう

9画

ここで（負）ければうんこを
全て取られてしまう。

すべ と

とめる

3年生 182

かたちにちゅうい

音 ケイ 訓 かるい（かろやか）

12画

やけに（軽）いなあと
思ったら、バーベルでは
なくうんこだった。

3年生 183

音 ジュウ　チョウ 訓 え・おもい　かさねる・かさなる

9画

うんこが（重）すぎて
ゆかがぬけた。

つきださない

3年生 184

12画

うんことライオンを戦(たたか)わせても
◻︎負(しょうぶ)にならない。

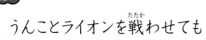

181 3年生

9画

◻︎(ふ)しょうしたところに
うんこを近づけないように。

182 3年生

12画

◻︎食(けいしょく)をはさんで、うんこを続(つづ)けよう。

183 3年生

9画

一週間ぶりに
うんこをしたら、体◻︎(たいじゅう)がへった。

184 3年生

音 ソウ（ショウ） 訓 あい

9画

（相）手がいないと
うまくうんこができない。

3年生 185

音 ダン 訓 —

15画

うんこのせん門家
どうしが対（談）している。

3年生 186

音 チョウ 訓 しらべる・（ととのう）（ととのえる）

15画

「うんこ」という言葉の
由来を（調）べる。

3年生 187

音 セイ 訓 ととのえる ととのう

16画

「欠」としない

引き出しの中の
うんこを（整）理しよう。

3年生 188

9画

手のひらのうんこをあらって
くれないと手□が見られないよ。

185 3年生

15画

うんこを持った男が
面□にやってきた。

186 3年生

15画

□子に乗ってうんこを鼻のあなに
入れてしまった。

187 3年生

16画

うんこの形を
きれいに□える。

188 3年生

102

音 ヘイ・ビョウ　訓 たいら・ひら

5画

うんこのかたまりを
（平）らにのばしてサラミを
散りばめる。

3年生　189

音 トウ　訓 ひとしい

12画

上（等）な着物を着て
うんこをする。

3年生　190

音 ハン・（ホン）・（タン）　訓 そる・そらす

4画

（反）対側のまどにも
うんこをつるしておこう。

3年生　191

音 タイ・（ツイ）　訓 —

7画

うんことかぶと虫を
（対）決させています。

3年生　192

103

5画

水◯線の向こうから
うんこがのぼってきた。

189 3年生

12画

このうんこを◯しく
六つに分けるにはどうすればよいか。

190 3年生

4画

おじいちゃんが体を◯らせて
うんこをしている。

191 3年生

7画

すもうの◯戦相手が、
まわしにうんこを
付けている。

192 3年生

音 アク
(オ)　訓 わるい

11画

うんこを台所に
置きっぱなしにした
ぼくが（悪）かった。

3年生 193

音 カ
(ケ)　訓 ばける
　　　ばかす

4画

（進化）して空を飛べる
ようになったうんこ。

3年生 194

音 ヨウ　訓 ひつじ

6画

こちらは、（羊）のうんこを
使った化しょう品です。

3年生 195

音 ショウ　訓 きえる
　　　　けす

10画

ほのおにうんこをかけて
（消）火した。

3年生 196

11画

ぼくはうんこをすぐにもらすが、

[　]意はないのだ。

<small>あく</small>　<small>い</small>

193　3年生

4画

ぼくのうんこを見たおばあちゃんが

「[　]け物!」とさけんだ。

<small>ば</small>　<small>もの</small>

194　3年生

6画

うんこに[　]毛をかざり付ける。

<small>よう</small>　<small>もう</small>

195　3年生

10画

うんこを[　]しゴムの代わりに

使ってごめんなさい。

<small>け</small>　<small>か</small>　<small>つか</small>

196　3年生

（音）タ　（訓）ほか

5画

他人から見れば
うんこでも、ぼくに
とってはほう石だ。

3年生　197

（音）バイ　（訓）——

10画

いつの間にか、うんこが
二倍にふくらんでいる。

3年生　198

（音）キ　（訓）おきる・おこる
おこす

10画

たおれていた戦士が、
うんこをにぎりしめて
起き上がった。

3年生　199

（音）タン　（訓）みじかい

12画

はさみでうんこを
短く切っておいて
ください。

3年生　200

5画

これほど多くのうんこが
集^{あつ}まる場所^{ばしょ}は〔　〕にないだろう。

3年生

10画

ありが、自分の体^{からだ}の何^{なん}〔　〕倍^{ばい}も大きい
うんこに登^{のぼ}っている。

3年生

10画

うんこにくわしい
せん門^{もんか}家を〔　〕用^きする。

つまり
うんこは
ですな〜

うんこせん門

3年生

12画

うんこを見^みせただけで
おこるなんて、〔　〕気^{たんき}な人だ。

3年生

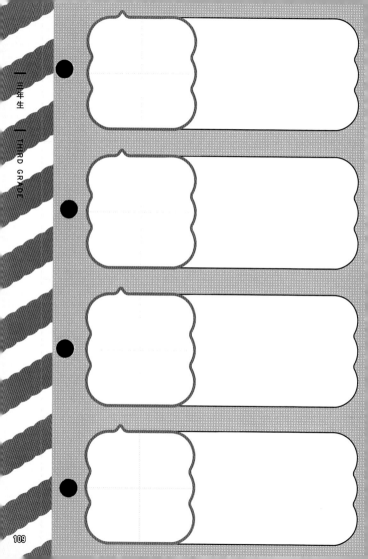